CINCO PANES Y DOS PECES

Testimonio de fe
de un obispo vietnamita en la cárcel

FRANÇOIS-XAVIER NGUYEN VAN THUAN

CINCO PANES
Y DOS PECES

Testimonio de fe
de un obispo vietnamita en la cárcel

Presentación del
Card. RICARDO M.ª CARLES

SÉPTIMA EDICIÓN

Ciudad Nueva

Madrid - Bogotá - Buenos Aires - México - Montevideo - Santiago

Título original:
Cinque pani e due pesci

Traducción:
Mons. Carlos Talavera
y María Elena Talavera

Diseño de cubierta:
Antonio Santos

1ª edición: noviembre 2000
7ª edición: septiembre 2004

© Mons. François-Xavier Nguyen van Thuan

© 2000, Editorial Ciudad Nueva
Andrés Tamayo, 4 - 28028 Madrid

ISBN: 84-89651-88-4
Depósito Legal: M-42811-2000

Impreso en España - Printed in Spain

Preimpresión: MCF Textos - Madrid
Imprime: Artes Gráficas Cuesta - Madrid

PRESENTACIÓN

Querido lector o lectora:

El breve libro que tienes en tus manos no te defraudará, e incluso confío en que podrá ayudarte mucho. Permíteme que te presente al autor, a quien tengo el gusto de conocer y a quien admiro mucho desde que le he tratado personalmente en el Consejo Pontificio de Justicia y Paz, que él preside y del que formo parte por deseo de nuestro buen papa Juan Pablo II. A algunas de las vivencias que me ha explicado y que ha recogido en sus escritos he dedicado incluso algunos de mis artículos semanales para la prensa y la radio.

Francisco Javier Nguyen van Thuan nació en 1928 en Hué (Vietnam). Fue ordenado sacerdote en 1953 y se doctoró en Derecho Canónico en Roma en el año 1959. Fue obispo de Nhatrang de 1967 a 1975. Posteriormente fue nombrado por Pablo VI arzobispo coadjutor de Saigón (Hochiminville). Sin embargo, pocos meses después, con la llegada del régimen comunista, fue arrestado, y permaneció en un «campo de ree-ducación» –eufemismo de la palabra «cárcel»– entre 1975 y 1988.

Trece años en la prisión por su condición de obispo. Dotado de una gran memoria y de unas especialísimas dotes de escritor –sabe hallar la expresión concisa y clara y la anécdota significa-tiva–, hizo como san Pablo, que desde la cárcel escribía a los cristianos y a las cristianas de las primeras comunidades.

Aquellos escritos fueron, en un primer mo-mento, su única manera de comunicarse y de sos-tener el ánimo y la esperanza de sus diocesanos. Posteriormente, cuando monseñor Van Thuan fue llamado a Roma por el Santo Padre, aquellas experiencias y vivencias de un obispo perseguido a causa de la fe en Cristo Jesús han enriquecido a muchas más personas de los cinco continentes. El primero de sus libros, *El camino de la espe-ranza*, se ha publicado en ocho idiomas, incluido el castellano. Su segundo libro se titula *El cami-no de la esperanza a la luz de la Palabra de Dios y del Concilio Vaticano II*, escrito en vietnamita en 1979, también en su confinamiento. El tercer libro –también traducido al castellano– lleva como título *Peregrinos por el camino de la espe-ranza*. Escrito en 1980, es, como él mismo ha con-fesado, la palabra del pastor que sigue encarce-lado pero que, a lo largo de días de inacción y de noches de insomnio, no ha cesado de velar por el pueblo que el Señor le había confiado.

El pequeño libro que tienes en tus manos, querido lector o lectora, es como una introducción al testimonio y al mensaje de monseñor Van Thuan. A partir de un bello título que evoca un pasaje del Evangelio, «Cinco panes y dos peces» (*Jn* 6, 5-11), el autor nos presenta siete meditaciones, preferentemente dirigidas a los jóvenes. Parte, significativamente, de fragmentos del mensaje del Papa a los jóvenes para la Jornada Mundial de la Juventud de 1997, y desde allí nos entrega su testimonio sobre su condición de preso por Cristo, sobre la primacía de Dios, sobre la oración, la Eucaristía, el mandamiento del amor, la devoción a María y su seguimiento de Jesús.

Este testigo de Cristo en nuestros días nos ofrece en estas páginas retazos vividos de sus vivencias y de sus plegarias. Estoy seguro de que su testimonio será un alimento para la fe, para el amor cristiano y para la esperanza de muchos, que es lo que desea sobre todo el autor.

+ RICARDO MARÍA CARDENAL CARLES
Arzobispo de Barcelona

PRÓLOGO

Queridos jóvenes:

Contemplar un hermoso panorama, las colinas verdes y el mar azul con olas blancas, me hace pensar en Jesús en medio de la multitud. Mirándoos a la cara con los ojos de Jesús, os digo con todo mi corazón: «¡Jóvenes, os amo! ¡Os amo!».

Quiero inspirarme en el Evangelio de san Juan, capítulo 6, para hablaros hoy. Poneos de pie, escuchad la palabra de Jesús:

«Al levantar Jesús los ojos y ver que venía hacia él mucha gente, dice a Felipe: "¿Dónde nos procuraremos panes para que coman éstos?". Se lo decía para probarle, porque él sabía lo que iba a hacer. Felipe le contestó: "Doscientos denarios de pan no bastan para que cada uno tome un poco". Le dice uno de sus discípulos, Andrés, el hermano de Simón Pedro: "Aquí hay un muchacho que tiene cinco panes de cebada y dos peces; pero ¿qué es eso para tantos?". Dijo Jesús: "Haced que se recueste la gente". Había en el lugar mucha hierba. Se recostaron, pues, los hombres en número de unos cinco mil. Tomó entonces Jesús los panes y, después de dar gracias, los repartió entre los que estaban recostados, y lo mismo los peces, todo lo que quisieron» (*Jn* 6, 5-11).

En el camino hacia el Jubileo del 2000, ¿buscamos quién es Jesús, por qué lo amamos, cómo dejarnos amar por Jesús, hasta seguirlo en el radicalismo de nuestras decisiones, sin pensar en lo largo del recorrido, en el cansancio de la marcha bajo el sol del verano ni en la lejanía de todo alivio?

El Santo Padre ha escrito: «En comunión con todo el pueblo de Dios que camina hacia el Jubileo del año 2000, quiero invitaros este año a fijar la mirada en Jesús, Maestro y Señor de nuestra vida, mediante las palabras contenidas en el Evangelio de Juan (1, 38-39): "Maestro, ¿dónde vives?". "Venid y lo veréis"» (*Mensaje para la XII Jornada Mundial de la Juventud*, 1997 [15-8-1996], n. 1).

Como joven, sacerdote y obispo, ya he recorrido parte del camino, a veces con gozo, a veces en el sufrimiento, en la cárcel, pero siempre llevando en el corazón una esperanza rebosante.

Me sentí incómodo cuando se me pidió que contara mi experiencia de seguimiento de Jesús.

No es agradable hablar de uno mismo. Pero recuerdo que el llorado cardenal Suenens, en un escrito suyo, preguntó a Verónica: «Usted me deja hablar de su vida sólo hoy; ¿por qué no lo había permitido antes?». «Porque ahora comprendo que mi vida no me pertenece a mí, sino que toda ella es de Dios; Dios puede disponer de ella como quiera para bien de las almas». Juan Pablo II ha condensado este pensamiento en el título de su autobiografía: *Don y misterio*, como lo hizo María en el Magníficat.

Así pues, queridos jóvenes, yo hago como dice el pasaje del Evangelio en que Jesús da cinco panes y dos peces: no es nada ante una multitud de miles de personas, pero es todo suyo, y Jesús lo hace todo; es don y misterio. Como el muchacho del Evangelio, resumo mi experiencia en siete puntos: cinco panes y dos peces. Es nada, pero es todo lo que tengo. Jesús hará el resto.

Muchas veces sufro interiormente porque los medios de comunicación quieren que cuente cosas sensacionales, que acuse, denuncie, excite la lucha, la venganza... No es ésta mi intención. Mi más grande deseo es transmitiros mi mensaje del Amor, en la serenidad y en la verdad, en el perdón y la reconciliación. Quiero compartir mis experiencias: cómo he encontrado a Jesús en cada momento de mi existencia diaria, en el discernimiento entre Dios y las obras de Dios, en la oración, en la Eucaristía, en mis hermanos y en mis hermanas, en la Virgen María, guía de mi camino. Quiero gritar junto con vosotros: «¡Vivamos el Testamento de Jesús! ¡Crucemos el umbral de la esperanza!».

Roma, 2 de febrero de 1997
Fiesta de la Purificación de María

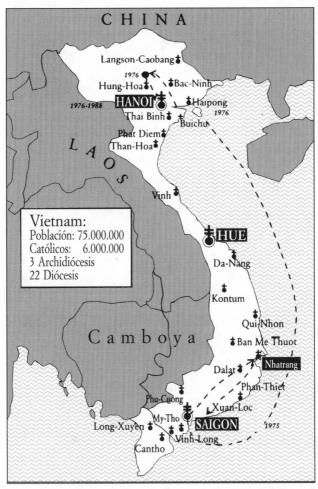

François-Xavier Nguyen van Thuan, obispo de Nhatrang de 1967 a 1975 y arzobispo coadjutor de Saigón desde 1975, fue arrestado en Saigón el 15 de agosto de 1975 y detenido en cárceles de Saigón, Nhatrang, Saigón, Haipong (diciembre 1976), Vinh Phu (diciembre 1976), Hanoi (1977-1988). Fue liberado el 21 de noviembre de 1988.

1

PRIMER PAN:
VIVIR EL MOMENTO PRESENTE

«¡A lo largo de los caminos de la existencia diaria es donde podréis encontrar al Señor! ... Ésta es la dimensión fundamental del encuentro. No hay que tratar con algo, sino con Alguien, con "el que vive"» (Juan Pablo II, *Mensaje para la XII Jornada Mundial de la Juventud*, 1997, n. 2).

Me llamo Francisco Nguyen van Thuan y soy vietnamita. En Tanzania y en Nigeria los jóvenes me llaman «Uncle Francis»; es más fácil llamarme tío Francisco o, simplemente, Francisco.

Hasta el 23 de abril de 1975 fui, por ocho años, obispo de Nhatrang, en el centro de Vietnam, la primera diócesis que me fue confiada, donde me sentía feliz, y por la cual sigo sintiendo predilección. El 23 de abril de 1975 Pablo VI me nombró arzobispo coadjutor de Saigón. Cuando los comunistas llegaron a Saigón, me dijeron que mi nombramiento era fruto de un complot entre el Vaticano y los imperialistas para organizar la lucha contra el régimen comunista. Tres meses después fui llamado al palacio presidencial para ser arrestado: era el día de la Asunción de la Santísima Virgen, 15 de agosto de 1975.

Esa noche, durante el trayecto de 450 km que me lleva al lugar de mi residencia obligatoria, me vienen a la mente muchos pensamientos confusos: tristeza, abandono, cansancio, después de tres meses de tensiones... Pero en mi mente surge claramente una palabra que disipa toda oscuridad, la palabra que Mons. John Walsh, obispo misionero en China, pronunció cuando fue liberado después de doce años de cautiverio: «He pasado la mitad de mi vida esperando». Es una gran verdad: todos los prisioneros, incluido yo mismo, esperan cada minuto su liberación. Pero después decidí: «Yo no esperaré. Voy a vivir el momento presente colmándolo de amor».

No es una inspiración improvisada, sino una convicción que he madurado durante toda la vida. Si me paso el tiempo esperando, quizá las cosas que espero nunca lleguen. Lo único que con seguridad me llegará será la muerte.

En el pueblo de Cây Vông, donde se me designó la residencia obligatoria, bajo vigilancia abierta y oculta de la policía, «confundida» entre el pueblo, día y noche me sentía obsesionado por el pensamiento: «¡Pueblo mío! ¡Pueblo mío que tanto amo: rebaño sin pastor! ¿Cómo puedo entrar en contacto con mi pueblo, precisamente en el momento en que tienen más necesidad de su

16

pastor? Las librerías católicas han sido confiscadas; las escuelas, cerradas; las religiosas y los religiosos que enseñaban han sido enviados a trabajar en los arrozales. La separación es un *shock* que me parte el corazón.

»Yo no esperaré. Voy a vivir el momento presente colmándolo de amor; pero ¿cómo?».

Una noche viene la luz: «Francisco, es muy simple, haz como san Pablo cuando estuvo en prisión: escribía cartas a varias comunidades». A la mañana siguiente, en octubre de 1975, le hago una señal a un niño de siete años, Quang, que regresaba de misa a las 5, todavía de noche: «Dile a tu madre que me compre blocs viejos de calendarios». Muy entrada la tarde, otra vez de noche, Quang me trae los calendarios, y todas las noches de octubre y noviembre de 1975 escribí a mi pueblo mi mensaje desde la cautividad. Cada mañana el niño venía a recoger las hojas para llevarlas a casa y que sus hermanos y hermanas copiaran el mensaje. Así se escribió el libro *El camino de la esperanza*, que ha sido publicado en ocho idiomas: vietnamita, inglés, francés, italiano, alemán, castellano, coreano y chino.

La gracia de Dios me dio la energía para trabajar y continuar, aun en los momentos de más desesperanza. El libro lo escribí de noche en mes y medio, pues tenía miedo de no poder terminarlo: temía que me trasladasen a otro lugar. Cuando llegué al número 1001 decidí detenerme: fueron como «las mil y una noches»...

En 1980, en mi residencia obligatoria de Giang-xá, en Vietnam del Norte, siempre de noche y en secreto, escribí mi segundo libro, *El camino de la esperanza a la luz de la Palabra de Dios y del Concilio Vaticano II*; después, mi tercer libro, *Los peregrinos del camino de la esperanza*: «Yo no esperaré. Vivo el momento presente colmándolo de amor».

Los apóstoles habrían querido elegir el camino fácil: «Despide a la gente para que busquen alojamiento y comida...». Pero Jesús quiere actuar en el momento presente: «Dadles vosotros de comer» (*Lc* 9, 13). En la cruz, cuando el ladrón le dijo: «Jesús, acuérdate de mí cuando vengas con tu Reino», Jesús le dijo: «Te aseguro que hoy estarás conmigo en el Paraíso» (*Lc* 23, 42-43). En la palabra «hoy» sentimos todo el perdón, todo el amor de Jesús.

El padre Maximiliano Kolbe vivía este radicalismo cuando repetía a sus novicios: «Todo, absolutamente, sin condición». Le he oído decir a Dom Helder Cámara: «La vida es aprender a amar». Una vez la Madre Teresa de Calcuta me escribió: «Lo importante no es el número de acciones que hagamos, sino la intensidad del amor que ponemos en cada acción».

¿Cómo llegar a esta intensidad de amor en el momento presente? Pienso que debo vivir cada día, cada minuto, como el último de mi vida. Dejar todo lo que es accesorio, concentrarme sólo en lo esencial. Cada palabra, cada gesto, cada conversación telefónica, cada decisión es la cosa más bella de mi vida; reservo para todos mi amor, mi sonrisa; tengo miedo de perder un segundo viviendo sin sentido...

Escribí en el libro *El camino de la esperanza*: «Para ti el momento más bello es el momento presente (cf. *Mt* 6, 34; *St* 4, 13-15). Vívelo en la plenitud del amor de Dios. Tu vida será maravillosamente bella si es como un cristal formado por millones de esos momentos. ¿Ves como es fácil?» (*El camino de la esperanza*, 997).

Queridos jóvenes, en el momento presente Jesús os necesita. Juan Pablo II os llama insistentemente a hacer frente a los retos del mundo actual: «Vivimos en una época de grandes transformaciones, en la que declinan rápidamente ideologías que parecía que podían resistir el desgaste del tiempo, y en el planeta se van modificando los confines y las fronteras. Con frecuencia la humanidad se encuentra en la incertidumbre, confundida y preocupada (cf. *Mt* 9, 36), pero la Palabra de Dios no pasa; recorre la historia y, con el cambio de los acontecimientos, permanece estable y luminosa (*Mt* 24, 35). La fe de la Iglesia está fundada en Jesucristo, único salvador del mundo: ayer, hoy y siempre (cf. *Hb* 13, 8)» (Juan Pablo II, *Mensaje para la Xll Jornada Mundial de la Juventud*, 1997, n. 2).

Oración

PRESO POR CRISTO

Jesús,
ayer por la tarde,
fiesta de la Asunción de María,
fui arrestado.
Transportado durante la noche de Saigón
hasta Nhatrang,
a cuatrocientos cincuenta kilómetros de distancia,
en medio de dos policías,
he comenzado la experiencia de una vida
de prisionero.
Hay tantos sentimientos confusos
en mi cabeza:
tristeza, miedo, tensión;
con el corazón desgarrado
por haber sido alejado de mi pueblo.
Humillado, recuerdo las palabras
de la Sagrada Escritura:
«Ha sido contado entre los malhechores» (Lc 22,
37).
He atravesado en coche
mis tres diócesis: Saigón, Phanthiet, Nhatrang,
con profundo amor a mis fieles,
pero ninguno de ellos sabe que su pastor
está pasando la primera etapa de su via crucis.
Pero en este mar de extrema amargura
me siento más libre que nunca.

No tengo nada, ni un céntimo,
excepto mi rosario
y la compañía de Jesús y María.
De camino a la cautividad he orado:
«Tú eres mi Dios y mi todo».
Jesús,
ahora puedo decir como san Pablo:
«Yo, Francisco, prisionero de Cristo,
"ego Franciscus, vinctus Jesu Christi
pro vobis"» (Ef 3, 1).
En la oscuridad de la noche,
en medio de este océano de ansiedad,
de pesadilla, poco a poco me despierto:
«Debo afrontar la realidad».
«Estoy en la cárcel. Si espero
el momento oportuno
de hacer algo verdaderamente grande,
¿cuántas veces en mi vida se me presentarán
ocasiones semejantes?
No, aprovecho las ocasiones
que se presentan cada día
para realizar acciones ordinarias
de manera extraordinaria».
Jesús,
no esperaré; vivo el momento presente
colmándolo de amor.
La línea recta está formada
por millones de puntitos unidos entre sí.
También mi vida está integrada
por millones de segundos
y de minutos unidos entre sí.

Dispongo perfectamente cada punto
y mi línea será recta.
Vivo con perfección cada minuto
y la vida será santa.
El camino de la esperanza está enlosado
de pequeños pasos de esperanza.
La vida de esperanza está hecha
de breves minutos de esperanza.
Como tú, Jesús, que has hecho siempre
lo que le agrada a tu Padre.
Cada minuto quiero decirte:
Jesús, te amo; mi vida es siempre
una «nueva y eterna alianza» contigo.
Cada minuto quiero cantar
con toda la Iglesia:
Gloria al Padre y al Hijo y al Espíritu Santo....

Residencia obligatoria
Cay-Vong (Nhatrang, Vietnam Central),
16 de agosto de 1975,
día siguiente a la Asunción de María.

2

SEGUNDO PAN:
DISTINGUIR ENTRE DIOS
Y LAS OBRAS DE DIOS

«Es verdad: Jesús es un amigo exigente que indica metas altas... ¡Abolid las barreras de la superficialidad y del miedo! reconociéndoos hombres y mujeres "nuevos"» (Juan Pablo II, *Mensaje para la XII Jornada Mundial de la Juventud*, 1997, n. 3).

Cuando era estudiante en Roma, una persona me dijo: «Tu cualidad más grande es que eres "dinámico", y tu defecto más grande es que eres "agresivo"». En todo caso, soy muy activo, soy un *scout*, capellán de los *Rover*, es un estímulo que cada día me impulsa: correr contra el reloj; tengo que hacer todo lo que pueda para confirmar y desarrollar la Iglesia en mi diócesis de Nhatrang, antes de que vengan los días difíciles, cuando estemos bajo el comunismo.

Aumentar el número de 42 a 147 seminaristas mayores en ocho años; y el de los menores, de 200 a 500, en cuatro seminarios; formación permanente de los sacerdotes de seis diócesis de la Iglesia metropolitana de Hue; desarrollar e intensificar la formación de los nuevos movimientos de jóvenes, de laicos, de los consejos pastorales... Amo mucho mi primera diócesis, Nhatrang.

Y debo dejarlo todo para ir rápidamente a Saigón, siguiendo las órdenes del papa Pablo VI, sin tener la oportunidad de decir adiós a todos aquellos a quienes estoy unido por el mismo ideal, con la misma determinación, compartiendo las mismas pruebas y los mismos gozos.

Aquella noche en que grabé mi voz para dar el último saludo a la diócesis, fue la única vez en ocho años en que lloré. ¡Y lloré amargamente!

Después, las tribulaciones en Saigón, el arresto; me llevaron de vuelta a mi primera diócesis de Nhatrang, al cautiverio más duro, no lejos del obispado. Mañana y tarde, en la oscuridad de mi celda, oigo las campanas de la catedral, donde pasé ocho años, que me destrozan el corazón; por las noches oigo las olas del mar delante de mi celda.

Luego, en la bodega de un barco que lleva 1.500 prisioneros hambrientos y desesperados. Y el campo de reeducación de Viñh-Quang, en medio de otros prisioneros tristes y enfermos, en las montañas.

Sobre todo, la larga tribulación de nueve años en aislamiento, solo con dos guardias, una tortura mental, en el vacío absoluto, sin trabajo, caminando en la celda desde la mañana hasta las nueve y media de la noche para no ser destruido por la artrosis, al límite de la locura.

Muchas veces me veo tentado, atormentado por el hecho de tener 48 años, edad de la madurez; de haber trabajado ocho años como obispo, adquirido mucha experiencia pastoral, ¡y encontrarme ahora aislado, inactivo, separado de mi pueblo, a 1.700 km de distancia!

Una noche, desde el fondo de mi corazón, oí una voz que me sugería: «¿Por qué te atormentas así? Tienes que distinguir entre Dios y las obras de Dios. Todo lo que has hecho y deseas seguir haciendo: visitas pastorales, formación de seminaristas, religiosos, religiosas, laicos, jóvenes, construcción de escuelas, de hogares para estudiantes, misiones para evangelización de los no cristianos... todo eso es una obra excelente, son obras de Dios, pero ¡no son Dios! Si Dios quiere que abandones todas estas obras, poniéndolas en sus manos, hazlo pronto y ten confianza en Él. Dios hará las cosas infinitamente mejor que tú; confiará sus obras a otros que son mucho más capaces que tú. ¡Tú has elegido sólo a Dios, no sus obras!».

Había aprendido a hacer siempre la voluntad de Dios. Pero esta luz me da una fuerza nueva que cambia totalmente mi modo de pensar y que me ayuda a superar momentos de sufrimiento, humanamente imposibles de soportar.

A veces un programa bien desarrollado debe dejarse sin terminar; actividades iniciadas con mucho entusiasmo quedan obstaculizadas; misiones de alto nivel se degradan hasta convertirse en actividades menores. Quizá estés turbado o desanimado. Pero ¿me ha llamado a seguirlo a Él o esta iniciativa o a aquella persona? Deja que el Señor actúe: Él lo resolverá todo, y mejor.

Mientras me encuentro en la prisión de Phú Khánh, en una celda sin ventana, hace muchísimo calor, me ahogo, siento que mi lucidez flojea poco a poco hasta la inconsciencia; a veces la luz permanece encendida día y noche; a veces está siempre oscuro; hay tanta humedad que crecen los hongos en mi lecho. En la oscuridad veo un agujero en la parte baja de la pared –para que corra el agua–: así que me paso más de cien días tumbado, metiendo la nariz en ese agujero para respirar. Cuando llueve, sube el nivel del agua, y entonces entran por el agujero bichos, ranas, lombrices y ciempiés desde fuera; los dejo entrar: ya no tengo fuerzas para echarlos.

Escoger a Dios y no las obras de Dios: Dios me quiere aquí y no en otra parte.

Cuando los comunistas me meten en la bodega del barco Hai-Phong con otros 1.500 prisioneros para transportarnos al norte, viendo la desesperación, el odio, el deseo de venganza en las caras de los detenidos, comparto su sufrimiento, pero rápidamente me llama otra vez esa voz: «Escoge a Dios y no las obras de Dios», y yo me digo: «Es verdad, Señor; aquí está mi catedral, aquí está el pueblo de Dios que me has dado para que lo cuide. Debo asegurar la presencia de Dios en medio de estos hermanos desesperados, miserables. Es tu voluntad, así que es mi elección».

Llegados a la montaña de Viñh-Phú, al campo de reeducación, donde hay 250 prisioneros, que en su mayoría no son católicos, esa voz me llama de nuevo: «Escoge a Dios y no las obras de Dios». «Sí, Señor, tú me mandas aquí para ser tu amor en medio de mis hermanos, en el hambre, en el frío, en el trabajo fatigoso, en la humillación, en la injusticia. Te elijo a ti, tu voluntad; soy tu misionero aquí».

Desde ese momento me llena una nueva paz y permanece en mí durante 13 años. Siento mi debilidad humana, renuevo esta elección ante las situaciones difíciles, y nunca me falta la paz.

Cuando digo: «Por Dios y por la Iglesia», me quedo en silencio en la presencia de Dios y me pregunto honestamente: «Señor, ¿trabajo sólo por ti? ¿Eres siempre el motivo esencial de todo lo que hago? Me daría vergüenza admitir que tengo otros motivos más fuertes».

Escoger a Dios y no las obras de Dios.

Es una bella elección, pero difícil. Juan Pablo II os interpela: «Queridísimos jóvenes, como los primeros discípulos, ¡seguid a Jesús! No tengáis miedo de acercaros a Él. No tengáis miedo de la "vida nueva" que Él os ofrece: Él mismo, con la ayuda de su gracia y el don de su Espíritu, os da la posibilidad de acogerla y ponerla en práctica». (*Mensaje para la XII Jornada Mundial de la Juventud*, 1997, n. 3).

Juan Pablo II anima a los jóvenes mostrándoles el ejemplo de santa Teresa del Niño Jesús: «Recorred con ella el camino humilde y sencillo de la madurez cristiana, en la escuela del Evangelio. Permaneced con ella en el "corazón" de la Iglesia, viviendo radicalmente la opción por Cristo» (*Mensaje para la XII Jornada Mundial de la Juventud*, 1997, n. 9).

El muchacho del Evangelio hizo esta opción ofreciéndolo todo, cinco panes y dos peces, en las manos de Jesús, con confianza. Jesús hizo «las obras de Dios» dando de comer a 5.000 hombres y a las mujeres y los niños.

Oración

DIOS Y SU OBRA

Por tu amor infinito, Señor,
me has llamado a seguirte,
a ser tu hijo y tu discípulo.

Luego me has confiado una misión
que no se asemeja a ninguna otra,
pero con los mismos objetivos de las demás:
ser tu apóstol y testigo.

Sin embargo, la experiencia me ha enseñado
que continúo confundiendo dos realidades:
Dios y sus obras.

Dios me ha dado la tarea de sus obras.
Algunas sublimes,
otras más modestas;
algunas nobles,
otras más ordinarias.

Comprometido en la pastoral en la parroquia,
entre los jóvenes,
en las escuelas,
entre los artistas y los obreros,
en el mundo de la prensa,
de la televisión y la radio,
he puesto en ello todo mi ardor

utilizando todas mis capacidades.
No me he reservado nada,
ni siquiera la vida.

Mientras estaba así,
apasionadamente inmerso en la acción,
me encontré con la derrota de la ingratitud,
del rechazo a colaborar,
de la incomprensión de los amigos,
de la falta de apoyo de los superiores,
de la enfermedad y la debilidad,
de la falta de medios...

También me aconteció que, en pleno éxito,
cuando era objeto de aprobación,
de elogios y de apego para todos,
fui trasladado de improviso
y se me cambió de papel.
Heme aquí, pues,
poseído por el aturdimiento,
camino a tientas,
como en la noche oscura.

¿Por qué, Señor, me abandonas?
No quiero desertar de tu obra.
Debo llevar a término mi tarea,
terminar la construcción de la Iglesia...

¿Por qué atacan los hombres tu obra?
¿Por qué le quitan su apoyo?

Ante tu altar, junto a la Eucaristía,
he oído tu respuesta, Señor:
«¡Soy yo al que sigues, no mi obra!
Si lo quiero, me entregarás la tarea confiada.
Poco importa quién tome tu puesto;
es asunto mío.
Debes elegirme a Mí».

En el aislamiento, Hanoi (Vietnam del Norte),
11 de febrero de 1985,
Conmemoración de la aparición
de la Inmaculada en Lourdes.

TERCER PAN:
UN PUNTO FIRME, LA ORACIÓN

«Aprended a escuchar de nuevo, en el silencio de la oración, la respuesta de Jesús: "Venid y veréis"» (Juan Pablo II, *Mensaje para la XII Jornada Mundial de la Juventud*, 1997, n. 2).

Después de mi liberación muchas personas me decían: «Padre, en la prisión habrá tenido usted mucho tiempo para orar». No es tan simple como se podría pensar. El Señor me permitió experimentar toda mi debilidad, mi fragilidad física y mental. El tiempo pasa lentamente en la prisión, especialmente durante el aislamiento. Imaginaos una semana, un mes, dos meses de silencio... Son tremendamente largos, pero cuando se transforman en años, se convierten en una eternidad. Un proverbio vietnamita dice: «Un día en prisión vale mil otoños fuera». ¡Hay días en que, al límite del cansancio, de la enfermedad, no puedo ni recitar una oración!

Me viene a la mente una historia, la del viejo Jim. Cada día, a las 12, Jim entraba en la iglesia por no más de dos minutos y luego salía. El sacristán, que era muy curioso, un día paró a Jim y le preguntó:

–¿A qué vienes todos los días?

–Vengo a rezar.

–¡Imposible! ¿Qué oración puedes decir en dos minutos?

–Soy un viejo ignorante, rezo a Dios a mi manera.

–Pero ¿qué dices?

–Digo: Jesús, aquí estoy, soy Jim. Y me voy.

Pasaron los años. Jim, cada vez más viejo y enfermo, ingresó en el hospital, en la sección de los pobres. Cuando parecía que Jim iba a morir, el sacerdote y la religiosa enfermera estaban al lado de su lecho.

–Jim, dinos: ¿por qué desde que tú entraste en esta sección todo ha mejorado y la gente se ha puesto más contenta, feliz y amable?

–No lo sé. Cuando puedo andar, voy por todas partes visitando a todos, los saludo, charlo un poco; cuando estoy en cama llamo a todos, los hago reír a todos y hago felices a todos. Con Jim están siempre felices.

–Y tú, ¿por qué eres feliz?

–Ustedes, cuando reciben a diario una visita, ¿no son felices?

–Claro. Pero ¿quién viene a visitarte? Nunca hemos visto a nadie.

–Cuando entré en esta sección les pedí dos sillas: una para ustedes, y otra reservada para mi huésped, ¿no ven?

–¿Quién es tu huésped?

–Es Jesús. Antes iba a la iglesia a visitarlo; ahora ya no puedo hacerlo. Entonces, a las 12, Jesús viene.

–Y ¿qué te dice Jesús?

–Dice: ¡Jim, aquí estoy, soy Jesús!...

Antes de morir lo vimos sonreír y hacer un gesto con su mano hacia la silla cercana a su cama, invitando a alguien a sentarse... Sonrió de nuevo y cerró los ojos.

Cuando me faltan las fuerzas y no puedo ni siquiera recitar mis oraciones, repito: «Jesús, aquí estoy, soy Francisco». Me invade la alegría y el consuelo, experimento que Jesús me responde: «Francisco, aquí estoy, soy Jesús».

Me preguntáis: ¿cuáles son tus oraciones preferidas?

Sinceramente, me gustan mucho las oraciones breves y sencillas del Evangelio:

«No tienen vino» (*Jn* 2, 3).

«*Magníficat...*» (*Lc* 1, 46-55).

«Padre, perdónalos... (*Lc* 23, 34).

«En tus manos pongo mi espíritu...» (*Lc* 23, 46).

«Que todos sean uno... tú, Padre, en mí». (*Jn* 17, 21).

«Ten compasión de mí, que soy pecador» (*Lc* 18, 13).

«Acuérdate de mi cuando vengas con tu Reino» (*Lc* 23, 42).

Como no pude llevar conmigo la Biblia a la cárcel, entonces recogí todos los pedacitos de papel que encontré y me hice una pequeña agenda, y en ella escribí más de 300 frases del Evangelio; este Evangelio reconstruido y reencontrado fue mi *vademecum* diario, mi estuche precioso del cual sacar fuerza y alimento mediante la *lectio divina*.

Me gusta hacer oración con la palabra de Dios completa, con las oraciones litúrgicas, los salmos y los cánticos. Me gusta mucho el canto gregoriano, que recuerdo de memoria en gran parte. ¡Gracias a la formación del seminario, estos cantos litúrgicos han entrado profundamente en mi corazón! Luego, las oraciones en mi lengua nativa, que toda la familia dice cada tarde en la capilla familiar, oraciones conmovedoras que me recuerdan mi primera infancia. Sobre todo las tres avemarías y el *Acuérdate, oh piadosísima Virgen María*, que mi madre me enseñó a recitar por la mañana y por la tarde.

Como ya he dicho, estuve nueve años en aislamiento, vigilado por dos guardias. Caminaba todo el día para evitar las enfermedades causadas por la inmovilidad, como la artrosis; me daba masajes, hacia ejercicios físicos..., rezando con cantos como el *Miserere*, *Te Deum*, *Veni Creator* y el himno de los mártires *Sanctorum meritis*. Estos cantos de la Iglesia, inspirados en la Palabra de Dios, me comunican un gran ánimo para seguir a Jesús. Para apreciar estas bellísimas oraciones fue necesario experimentar la oscuridad de la cárcel y tomar conciencia de que nuestros sufrimientos se ofrecen por la fidelidad a la Iglesia. Esta unidad con Jesús, en comunión con el Santo Padre y toda la Iglesia, la siento de manera irresistible cuando repito durante el día: «Por Cristo, con Él y en Él...».

Me viene a la mente la sencillísima oración de un comunista que primero fue un espía y después se hizo mi amigo. Antes de que él fuera liberado me prometió: «Mi casa dista 3 km del santuario de Nuestra Señora de Lavang. Iré allí a rezar por usted». Yo creía en su amistad, pero dudaba de que un comunista fuera a rezar a la Santísima Virgen. Pero un día, unos seis años después, en mi aislamiento, ¡recibí una carta suya! Escribió: «Querido amigo, te había prometido que iría a rezar por ti ante Nuestra Señora de Lavang. Lo hago cada domingo, si no llueve. Tomo mi bicicleta cuando oigo sonar la campana. La basílica está totalmente destruida por el bombardeo, por eso voy al monumento de la aparición, que aún permanece intacto. Rezo por ti así: Señora, no soy cristiano, no conozco las oraciones; te pido que le des al señor Thuan lo que él desea». Estoy conmovido hasta el fondo de mi corazón; ciertamente, la Señora lo escuchará.

En el Evangelio que estamos meditando, antes de realizar el milagro, antes de dar de comer a la gente hambrienta, Jesús rezó. Jesús quiere enseñarme: antes del trabajo pastoral, social, caritativo, es necesario rezar.

Juan Pablo II os dice: «Conversad con Jesús en la oración y en la escucha de la Palabra; gustad la alegría de la reconciliación en el sacramento de la penitencia; recibid el Cuerpo y la Sangre de Cristo en la Eucaristía... Descubriréis la verdad sobre vosotros mismos, la unidad interior, y encontraréis al "Tú" que cura las angustias, las preocupaciones y ese subjetivismo salvaje que no deja paz» (*Mensaje para la XII Jornada Mundial de la Juventud*, 1997, n. 3).

Oración

BREVES ORACIONES EVANGÉLICAS

Pienso, Señor,
que Tú me has dado
un modelo de oración.
A decir verdad,
no has dejado
más que uno solo:
el Padre Nuestro.
Es breve, conciso y denso.

Tu vida, Señor,
es una oración
sincera y simple
dirigida al Padre.
Tu oración fue
ocasionalmente larga,
sin fórmulas ya hechas,
como la oración sacerdotal
después de la Cena:
ardiente y espontánea.

Pero habitualmente, Jesús, la Virgen, los apóstoles
hacen oraciones breves, muy bellas, que asocian a
su vida diaria. Yo, débil y tibio, amo estas oracio-
nes breves ante el Sagrario, en el escritorio, por la
calle, solo. Mientras más las repito más me pene-
tran. Estoy cerca de Ti, Señor.

Padre, perdónalos,
porque no saben lo que hacen.

Padre, que sean uno.

Soy la esclava del Señor.

No tienen vino.

¡He ahí a tu hijo,
he ahí a tu madre!

Acuérdate de mí
cuando vengas con tu Reino.

Señor, ¿qué quieres que haga?

Señor, tú sabes todo,
Tú sabes que te amo.

Señor, ten piedad de mí,
pobre pecador.

Dios mío, Dios mío,
¿por qué me has abandonado?

Todas estas breves oraciones, unidas una a otra,
forman una vida de oración. Como una cadena de
gestos discretos, de miradas, de palabras íntimas
forman una vida de amor. Nos mantienen en un
ambiente de oración sin apartarnos de las tareas
presentes, sino ayudándonos a santificar todas las
cosas.

En el aislamiento en Hanoi (Vietnam del Norte),
25 de marzo de 1987, Fiesta de la Anunciación.

CUARTO PAN:
MI ÚNICA FUERZA, LA EUCARISTÍA

«Alrededor de la mesa eucarística se realiza y se manifiesta la armoniosa unidad de la Iglesia, misterio de comunión misionera, en la que todos se sienten hijos y hermanos» (Juan Pablo II, *Mensaje para la XII Jornada Mundial de la Juventud*, 1997, n. 7).

«¿Pudo usted celebrar la misa en la cárcel?», es la pregunta que muchos me han hecho innumerables veces. Y tienen razón: la Eucaristía es la más hermosa oración, es la cumbre de la vida cristiana. Cuando les respondo que sí, ya sé cuál es la pregunta siguiente: «¿Cómo consiguió encontrar pan y vino?».

Cuando fui arrestado tuve que salir inmediatamente, con las manos vacías. Al día siguiente me permitieron escribir y pedir las cosas más necesarias: ropa, pasta de dientes... Escribí a mi destinatario: «Por favor, mandadme un poco de vino como medicina contra el dolor de estómago». Los fieles entendieron lo que eso significaba: me mandaron una botellita de vino de misa con una etiqueta que decía: «medicina contra el dolor de estómago», y las hostias las ocultaron en una antorcha que se usa para combatir la humedad. El policía me preguntó:

–¿Le duele el estómago?

–Sí.

–Aquí hay un poco de medicina para usted.

Nunca podré expresar mi gran alegría: todos los días, con tres gotas de vino y una gota de agua en la palma de la mano, celebraba la misa.

De todos modos, dependía de la situación. En el barco que nos llevó al norte celebraba la misa por la noche y daba la comunión a los prisioneros que me rodeaban. A veces tenía que celebrar cuando todos iban al baño, después de la gimnasia. En el campo de reeducación nos dividieron en grupos de 50 personas; dormíamos en camas comunes; cada uno tenía derecho a 50 cm. Nos las arreglamos para que estuvieran cinco católicos conmigo. A las 21:30 había que apagar la luz y todos debían dormir. Me encogía en la cama para celebrar la misa de memoria, y repartía la comunión pasando la mano bajo el mosquitero. Fabricamos bolsitas con el papel de los paquetes de cigarrillos para conservar el Santísimo Sacramento. Llevaba siempre a Jesús eucarístico en el bolsillo de la camisa.

Recuerdo lo que escribí: «Tú crees en una sola fuerza: la Eucaristía, el Cuerpo y la Sangre del Señor que te dará la vida. "He venido para que tengan vida y la tengan en abundancia" (*Jn* 10, 10). Como el maná alimentó a los israelitas en su viaje a la tierra prometida, así la Eucaristía te alimentará en tu camino de la esperanza (cf. *Jn* 6, 50)» (*El camino de la esperanza*, n. 983).

Cada semana tiene lugar una sesión de adoctrinamiento en la que debe participar todo el campo. Durante el descanso, mis compañeros católicos y yo aprovechamos para pasar un paquetito para cada uno de los otros cuatro grupos de prisioneros; todos saben que Jesús está en medio de ellos; Él es el que cura todos los sufrimientos físicos y mentales. Durante la noche los presos se turnan en adoración; Jesús eucarístico ayuda inmensamente con su presencia silenciosa. Muchos cristianos vuelven al fervor de la fe durante esos días; hasta budistas y otros no cristianos se convierten. La fuerza del amor de Jesús es irresistible. La oscuridad de la cárcel se convierte en luz, la semilla germina bajo tierra durante la tempestad.

Ofrezco la misa junto con el Señor: cuando reparto la comunión me doy a mí mismo junto al Señor para hacerme alimento para todos. Esto quiere decir que estoy siempre al servicio de los demás.

Cada vez que ofrezco la misa tengo la oportunidad de extender las manos y de clavarme en la cruz de Jesús, de beber con Él el cáliz amargo.

Todos los días, al recitar y escuchar las palabras de la consagración, confirmo con todo mi corazón y con toda mi alma un nuevo pacto, un pacto eterno entre Jesús y yo, mediante su sangre mezclada con la mía (cf. *1 Co* 11, 23-25).

Jesús empezó una revolución en la cruz. Vuestra revolución debe empezar en la mesa eucarística, y de allí debe seguir adelante. Así podréis renovar la humanidad.

He pasado nueve años aislado. Durante ese tiempo celebro la misa todos los días hacia las 3 de la tarde, la hora en que Jesús estaba agonizando en la cruz. Estoy solo, puedo cantar mi misa como quiera, en latín, francés, vietnamita... Llevo siempre conmigo la bolsita que contiene el Santísimo Sacramento; «Tú en mí, y yo en Ti». Han sido las misas más bellas de mi vida.

Por la noche, entre las 9 y las 10, realizo una hora de adoración, canto *Lauda Sion*, *Pange lingua*, *Adoro Te*, *Te Deum* y cantos en lengua vietnamita, a pesar del ruido del altavoz, que dura desde las 5 de la mañana hasta las 11:30 de la noche. Siento una singular paz de espíritu y de corazón, el gozo y la serenidad de la compañía de Jesús, de María y de José. Canto *Salve Regina*, *Salve Mater*, *Alma Redemptoris Mater*, *Regina coeli*... en unidad con la Iglesia universal. A pesar de las acusaciones y las calumnias contra la Iglesia, canto *Tu es Petrus, Oremus pro Pontifice nostro, Christus vincit...* Como Jesús calmó el hambre de la multitud que lo seguía en el desierto, en la Eucaristía Él mismo continúa siendo alimento de vida eterna.

En la Eucaristía anunciamos la muerte de Jesús y proclamamos su resurrección. Hay momentos de tristeza infinita. ¿Qué hacer entonces? Mirar a Jesús crucificado y abandonado en la cruz. A los ojos humanos, la vida de Jesús fracasó, fue inútil, frustrada, pero a los ojos de Dios, Jesús en la cruz cumplió la obra más importante de su vida, porque derramó su sangre para salvar al mundo. ¡Que unido está Jesús a Dios en la cruz, sin poder predicar, curar enfermos, visitar a la gente y hacer milagros, sino en inmovilidad absoluta!

Jesús es mi primer ejemplo de radicalismo en el amor al Padre y a los hombres. Jesús lo ha dado todo: «los amó hasta el extremo» (*Jn* 13, 1), hasta el «Todo está cumplido» (*Jn* 19, 30). Y el Padre amó tanto al mundo «que dio a su Hijo unigénito» (*Jn* 3, 16). Darse todo como un pan para ser comido «por la vida del mundo» (*Jn* 6, 51).

Jesús dijo: «Siento compasión de la gente» (*Mt* 15, 32). La multiplicación de los panes fue un anuncio, un signo de la Eucaristía que Jesús instituiría poco después.

Queridísimos jóvenes, escuchad al Santo Padre: «Jesús vive entre nosotros en la Eucaristía... Entre las incertidumbres y distracciones de la vida cotidiana, imitad a los discípulos en el camino hacia Emaús... Invocad a Jesús, para que en los caminos de los tantos Emaús de nuestro tiempo, permanezca siempre con vosotros. Que Él sea vuestra fuerza, vuestro punto de referencia, vuestra perenne esperanza» (Juan Pablo II, *Mensaje para la Xll Jornada Mundial de la Juventud*, 1997, n. 7).

Oración

PRESENTE Y PASADO

Amadísimo Jesús,
esta noche, en el fondo de mi celda,
sin luz, sin ventana, calentísima,
pienso con intensa nostalgia en mi vida pastoral.

Ocho años de obispo, en esa residencia
a sólo dos kilómetros de mi celda de prisión,
en la misma calle, en la misma playa...
Oigo las olas del Pacífico,
las campanas de la catedral.

— Antes celebraba con patena
   y cáliz dorados;
   ahora tu sangre está
   en la palma de mi mano.

— Antes recorría el mundo
   dando conferencias y reuniones;
   ahora estoy recluido en una celda estrecha,
   sin ventana.

— Antes iba a visitarte al sagrario;
   ahora te llevo conmigo,
   día y noche, en mi bolsillo.

— Antes celebraba la misa ante miles de fieles;

ahora, en la oscuridad de la noche,
dando la comunión
por debajo de los mosquiteros.

— *Antes predicaba ejercicios espirituales*
a sacerdotes, a religiosos, a laicos...;
ahora un sacerdote, también él prisionero,
me predica los Ejercicios de san Ignacio
a través de las grietas de la madera.

— *Antes daba la bendición solemne*
con el Santísimo en la catedral;
ahora hago la adoración eucarística
cada noche a las 9, en silencio,
cantando en voz baja el Tantum Ergo,
la Salve Regina,
y concluyendo con esta breve oración:
«Señor, ahora soy feliz
de aceptar todo de tus manos:
todas las tristezas, los sufrimientos,
las angustias, hasta mi misma muerte. Amén».

Soy feliz aquí, en esta celda
donde crecen hongos blancos
sobre mi estera de paja enmohecida,
porque Tú estás conmigo,
porque Tú quieres que viva contigo.

He hablado mucho en mi vida;
ahora ya no hablo.
Es tu turno, Jesús, de hablarme.

Te escucho: ¿qué me has susurrado?
¿Es un sueño?
Tú no me hablas del pasado,
del presente;
no me hablas de mis sufrimientos,
angustias...
Tú me hablas de tus proyectos,
de mi misión.

Entonces canto tu misericordia,
en la oscuridad, en mi fragilidad,
en mi anonadamiento.

Acepto mi cruz
y la planto, con las dos manos,
en mi corazón.

Si me permitieras elegir, no cambiaría
¡porque Tú estás conmigo!
Ya no tengo miedo: he comprendido,
te sigo en tu pasión
y en tu resurrección.

En el aislamiento,
Prisión de Phú Khánh (Vietnam Central),
7 de octubre de 1976, Fiesta del Santo Rosario.

QUINTO PAN:
AMAR HASTA LA UNIDAD
ES EL TESTAMENTO DE JESÚS

«Queridísimos jóvenes, estáis llamados a ser testigos creíbles del Evangelio de Cristo, que hace nuevas todas las cosas... "Os amáis los unos a los otros" (*Jn* 13, 35)» (Juan Pablo II, *Mensaje para la XII Jornada Mundial de la Juventud*, 1997, n. 8).

Una noche en que me encuentro enfermo en la prisión de Phú Khánh, veo pasar a un policía y le grito: «Por caridad, estoy enfermo; déme alguna medicina». Él me responde: «Aquí no hay caridad, ni amor; sólo hay responsabilidad».

Ésta es la atmósfera que se respira en la prisión.

Cuando me someten a aislamiento, primero me asignan un grupo de cinco guardias: dos de ellos están siempre conmigo. Cambian a los jefes cada dos semanas a otro grupo para que yo no los «contamine». Después deciden no cambiarlos más, o si no ¡todos quedarán contaminados!

Al principio los guardias no me hablan, responden sólo «sí» o «no». Es realmente triste; yo quiero ser amable con ellos, pero es imposible:

evitan hablar conmigo. No tengo nada que regalarles: soy prisionero; hasta la ropa, toda, está marcada con grandes letras: *cai-tao*, es decir, «campo de reeducación». ¿Qué debo hacer?

Una noche me viene un pensamiento: «Francisco, tú todavía eres muy rico. Tú tienes el amor de Cristo en tu corazón. Ámalos como Jesús te ama». A la mañana siguiente empiezo a amarlos, a amar a Jesús en ellos, sonriendo, intercambiando palabras amables. Entonces empiezo a contarles historias de mis viajes al extranjero, de cómo viven en países como Estados Unidos, Canadá, Japón, Filipinas, Singapur, Francia, Alemania... Les hablo de economía, libertad, tecnología. Esto estimula su curiosidad y los anima a preguntarme muchísimas cosas. Poco a poco nos hacemos amigos. Quieren aprender lenguas extranjeras, francés, inglés... ¡Mis guardias se convierten en mis alumnos!

Cambió mucho el ambiente de la prisión, mejoró mucho la calidad de nuestras relaciones. Hasta con los jefes de la policía. Cuando vieron la sinceridad de mis relaciones con los guardias, no sólo me pidieron que continuara ayudándolos a estudiar lenguas extranjeras, sino que me mandaron más alumnos.

Un día un jefe me pregunta:

–¿Qué piensa usted del periódico *El Católico*?

–Ese periódico no hace bien ni a los católicos ni al gobierno; más bien ha ampliado el foso de separación.

–Porque se expresa mal; usan mal los vocablos religiosos, y hablan de manera ofensiva. ¿Cómo se podría remediar esta situación?

–Primero, hay que comprender bien qué significan las palabras, esa terminología religiosa...

–¿Puede usted ayudarnos?

–Sí. Les propongo escribir un pequeño vocabulario del lenguaje religioso, de la A a la Z, y cuando tengan un momento libre les explicaré. Espero que así puedan comprender mejor la estructura, la historia, el desarrollo de la Iglesia, sus actividades...

Me dieron papel y escribí un vocabulario de 1.500 palabras en francés, inglés, italiano, latín, español y chino, con las explicaciones en vietnamita. Así, poco a poco, con la explicación, con mi respuesta a las cuestiones sobre la Iglesia, y aceptando también las críticas, este documento llegó a ser «una catequesis práctica». Tenían mucha curiosidad por saber qué es un abad, un patriarca; cuál es la diferencia entre ortodoxos, católicos, anglicanos, luteranos; de dónde provienen los fondos financieros de la Santa Sede...

Este diálogo sistemático de la A a la Z ayudó a corregir muchos errores, muchas ideas preconcebidas; se hizo cada día más interesante y hasta fascinante.

En una ocasión me enteré de que un grupo de 20 jóvenes de la policía estudiaba latín con un antiguo catequista, para estar en condiciones de comprender los documentos eclesiásticos. Uno de mis guardias pertenecía a este grupo; un día me pidió si podía enseñarle un canto en latín.

–Hay muchos y muy bonitos –le respondí.

–Usted cante y yo elijo –me propuso.

Canté *Salve Regina*, *Veni Creator*, *Ave Maris Stella*... ¿A que no adivináis qué canto eligió? El *Veni Creator*.

No puedo decir lo conmovedor que era oír cada mañana a un policía comunista bajar las escaleras de madera, hacia las 7, para ir a hacer gimnasia y después lavarse cantando el *Veni Creator* en la prisión.

Cuando hay amor se siente alegría y paz, porque Jesús está en medio de nosotros.

En las montañas de Viñh Phú, en la prisión de Viñh Quang, un día lluvioso tenía que cortar leña. Le pregunté al guardia:

–¿Puedo pedirle un favor?

–¿El qué? Lo ayudaré.

–Quiero cortar un trozo de madera en forma de cruz.

–¿No sabe que está severamente prohibido tener cualquier signo religioso?

–Ya lo sé, pero somos amigos, y prometo esconderla.

–Sería extremadamente peligroso para los dos.

–Cierre los ojos, lo voy a hacer ahora, y seré muy cauto.

Él se fue y me dejó solo. Corté la cruz y la tuve escondida en un trozo de jabón hasta mi liberación. Con un marco de metal, este trozo de madera se ha convertido en mi cruz pectoral.

En otra prisión pedí un trozo de hilo de cobre a mi guardia, que ya se había hecho mi amigo. Él, asustado, me dijo:

–He estudiado en la escuela de policía que cuando uno quiere un hilo de cobre significa que quiere suicidarse.

–Los sacerdotes católicos no se suicidan –le expliqué.

–Pero ¿qué va a hacer con él?

–Quiero hacer una cadenita para llevar la cruz.

–¿Cómo puede hacer una cadena con un hilo de cobre? Es imposible.

–Si me trae unos alicates se lo mostraré.

–¡Es muy peligroso!

–¡Pero somos amigos!

Dudó y luego dijo:

–Le responderé dentro de tres días.

Después de tres días me dijo:

–Es difícil negarle a usted cualquier cosa. Esto es lo que he pensado: esta noche le traigo los alicates de 7 a 11 y tenemos que terminar el trabajo en ese tiempo. Dejaré ir a mi compañero a «Hanoi by night». Si él nos viera nos denunciaría y correríamos peligro los dos.

Cortamos el alambre en pedazos del tamaño de una cerilla, los engarzamos... y antes de las 11 la cadena ya estaba hecha.

Esa cruz y esa cadena las llevo conmigo todos los días, no porque sean un recuerdo de la prisión, sino porque indican una convicción mía profunda, son un constante reclamo para mí: sólo el amor cristiano puede cambiar los corazones, no las armas, las amenazas ni los medios de comunicación.

Era muy difícil para mis guardias comprender cómo se puede perdonar, amar a los enemigos, reconciliarse con ellos:

–¿De veras nos ama?

–Sí, os amo sinceramente.

–¿A pesar de que le hacemos daño? ¿Aun sufriendo por haber estado tantos años en prisión sin haber sido juzgado?

–Pensad en los años en que hemos vivido juntos. ¡Realmente os he amado!

–Cuando quede en libertad, ¿no mandará a los suyos a hacernos daño, a nosotros o a nuestras familias?

–No, continuaré amándoos, aunque me quisierais matar.

–Pero, ¿por qué?

–Porque Jesús me ha enseñado a amaros. Si no lo hiciera, no sería digno de llamarme cristiano.

No hay suficiente tiempo para contaros otras historias, muy conmovedoras, que son testimonios del poder liberador del amor de Jesús.

En el Evangelio, viendo Jesús a la multitud que lo seguía durante tres días, dijo: «Siento compasión de la gente» (*Mt* 15, 32) porque estaban «como ovejas que no tienen pastor» (*Mc* 6, 34)... En los momentos más dramáticos en la prisión, cuando estaba casi agotado y sin fuerza para rezar ni meditar, busqué un modo para recuperar lo esencial de mi oración, del mensaje de Jesús, y usé esta frase: «Vivo el testamento de Jesús», es decir, amar a los otros como Jesús me ha amado, en el perdón, en la misericordia, hasta la unidad, como oró Él: «Que todos sean uno como Tú, Padre, en mí y yo en ti» (*Jn* 17, 21). Recé con frecuencia: «Vivo el testamento de amor de Jesús». Quiero ser el muchacho que ofreció todo lo que tenía. Casi nada, cinco panes y dos peces, pero era «todo» lo que tenía, para ser «instrumento del amor de Jesús».

Queridos jóvenes, el Papa Juan Pablo II os lanza su mensaje: «Encontraréis a Jesús allí donde los hombres sufren y esperan: en los pequeños pueblos diseminados en los continentes, aparentemente al margen de la historia, como era Nazaret cuando Dios envió su ángel a María; en las grandes metrópolis donde millones de seres humanos frecuentemente viven como extraños...

Jesús vive junto a vosotros, ... su rostro es el de los más pobres, de los marginados, víctimas casi siempre de un modelo injusto de desarrollo, que pone el beneficio en el primer lugar y hace del hombre un medio en lugar de un fin... Jesús vive entre los que le invocan sin haberlo conocido; ... Jesús vive entre los hombres y las mujeres "que se honran con el nombre de cristianos" ... En vísperas del tercer milenio, cada día es más urgente reparar el escándalo de la división entre los cristianos» (*Mensaje para la XII Jornada Mundial de la Juventud*, 1997, n. 4 y 5).

El error más grande es no darse cuenta de que los otros son Cristo. Hay muchas personas que no lo descubrirán hasta el último día.

Jesús fue abandonado en la cruz, y ahora lo sigue estando en el hermano y en la hermana que sufren en cualquier rincón del mundo. La caridad no tiene límites; si los tiene, no es caridad.

Oración

CONSAGRACIÓN

Padre de inmenso amor, omnipotente, fuente de mi esperanza y de mi gozo.

1. *«Todo lo mío es tuyo» (Lc 15, 31) «Pedid y se os dará» (Mt 7, 7).*
Padre, creo firmemente que tu amor nos sobrepasa infinitamente. ¿Cómo puede el amor de tus hijos competir con el tuyo?
¡Oh! ¡La inmensidad de tu amor paterno! Todo lo tuyo es mío! Me has aconsejado orar con sinceridad. Por eso me confío a Ti, Padre lleno de bondad.

2. *«Todo es gracia». «Vuestro Padre sabe lo que necesitáis antes de pedírselo» (Mt 6, 8).*
Padre, creo firmemente que desde siempre has ordenado todas las cosas para nuestro mayor bien. No dejas de guiar mi vida. Me acompañas en cada uno de los pasos de mi vida. ¿Qué puedo temer? Postrado, adoro tu voluntad. Me pongo totalmente en tus manos, todo viene de Ti. Yo, que soy tu hijo, creo que todo es gracia.

3. *«Todo lo puedo con Aquel que me da fuerzas» (Flp 4, 13) «para alabanza de la gloria de su gracia» (Ef 1, 6).*

Padre, creo firmemente que nada supera el poder de tu Providencia. Tu amor es infinito, y yo quiero aceptarlo todo con corazón gozoso. Eterna es la alabanza y eterno el agradecimiento. Unidos a la Virgen María y asociando sus voces a las de todas las naciones, san José y los ángeles cantan la gloria de Dios por los siglos de los siglos. Amén.

4. *«Hacedlo todo para gloria de Dios»* (1 Co 10, 31). *«Hágase tu voluntad»* (Mt 6, 10).

Padre, creo firmemente y sin dudar que Tú obras y actúas en mí. Soy objeto de tu amor y de tu ternura. ¡Realiza en mi todo lo que puede darte aún más alabanza!

No pido otra cosa que tu gloria: esto basta para mi satisfacción y mi felicidad. Ésta es mi más grande aspiración, el deseo más intenso del alma.

5. *«Todo por la misión! ¡Todo por la Iglesia!».* *Padre, creo firmemente que me has confiado una misión, toda ella marcada por tu amor. Me preparas el camino. Yo no dejo de purificarme y de afirmarme en esta decisión.*

Sí, estoy decidido: seré una ofrenda silenciosa, serviré de instrumento en las manos del Padre.

Consumaré mi sacrificio, momento a momento, por amor a la Iglesia. «Aquí estoy, estoy listo».

6. *«Con ansia he deseado comer esta Pascua con vosotros»* (Lc 22, 15). *«Todo está cumplido»* (Jn 19, 30).

¡Amadísimo Padre! Unido al santo Sacrificio que continúo ofreciendo, me arrodillo en este instante y por Ti pronuncio la palabra que se eleva desde mi corazón: «Sacrificio».

Un sacrificio que acepta la humillación como la gloria, un sacrificio gozoso, un sacrificio integral... Canta mi esperanza y todo mi amor.

Prisión de Phú Khanh (Vietnam Central),
1 de septiembre de 1976,
Fiesta de los santos mártires vietnamitas.

6

PRIMER PEZ:
MARÍA INMACULADA, MI PRIMER AMOR

«A María encomiendo... las esperanzas y deseos de los jóvenes que, en cada rincón del mundo, repiten con Ella: "He aquí la sierva del Señor, hágase en mí según tu palabra" (*Lc* 1, 38) ... preparados para anunciar después a sus coetáneos, como los apóstoles: "Hemos encontrado al Mesías" (*Jn* 1, 41)». (Juan Pablo II, *Mensaje para la XII Jornada Mundial de la Juventud*, 1997, n. 10).

«María Inmaculada, mi primer amor»: este pensamiento es de Juan Bautista María Vianney, el cura de Ars. Lo leí en un libro de François Trochu, cuando yo estaba en el seminario menor.

Mi madre me infundió en el corazón este amor a María desde que era niño. Cada noche mi abuela, después de las oraciones de familia, todavía reza un rosario. Le pregunté por qué: «Rezo un rosario pidiendo a María por los sacerdotes». Ella no sabe leer ni escribir, pero son estas madres y estas abuelas las que han forjado la vocación en nuestros corazones.

María tiene un papel especial en mi vida. Fui arrestado el 15 de agosto de 1975, fiesta de la Asunción de María. Salí en el coche de la policía, con las manos vacías, sin un céntimo en el bolsillo, sólo con el rosario, y estaba en paz. Esa noche, por la larga carretera de 450 kilómetros, recité muchas voces el *Acuérdate, oh piadosísima Virgen María.*

Me preguntaréis, quizá, cómo me ayudó María a superar las abundantísimas pruebas de mi vida. Os contaré algunos episodios que permanecen aún muy vivos en mi memoria.

Cuando estudiaba en Roma siendo sacerdote, una vez, en septiembre de 1957, fui a la gruta de Lourdes para orar a la Virgen. La palabra que la Inmaculada dirigió a Bernadette me pareció que también estaba dirigida a mí: «Bernadette, no te prometo alegrías ni consolaciones en esta tierra, sino pruebas y sufrimientos». Acepté, no sin miedo, este mensaje. Después de haberme doctorado regresé a Vietnam como profesor; después fui rector del seminario, luego vicario general y obispo de Nhatrang desde 1967. Se podía decir que mi ministerio estaba coronado por el éxito, gracias a Dios.

Varias veces volví a orar a la gruta de Lourdes. Me preguntaba con frecuencia: «¿Es posible que las palabras dirigidas a Bernadette no sean para mí? ¿No son insoportables mis cruces de cada día? De cualquier manera, estoy dispuesto a hacer la voluntad de Dios».

Llegó el año de 1975 y con él el arresto, la prisión, el aislamiento y más de trece años de cautiverio. ¡Ahora comprendo que la Virgen había querido prepararme desde 1957!: «No te prometo alegrías ni consolaciones en esta tierra, sino pruebas y sufrimientos». Cada día comprendo más íntimamente el sentido profundo de este mensaje, y me abandono con confianza en las manos de María.

Cuando las miserias físicas y morales en la cárcel se hacían demasiado pesadas y me impedían orar, entonces decía el *Ave María*, repetía cientos de veces el *Ave María*; ofrecía todo en las manos de la Inmaculada, pidiéndole que repartiese gracias a todos cuantos las necesitasen en la Iglesia. Todo con María, por María y en María.

No sólo le pedía a María su intercesión, sino que con frecuencia también le preguntaba: «Madre, ¿qué puedo hacer por ti? Estoy dispuesto a seguir tus órdenes, a realizar tu voluntad por el Reino de Jesús». Entonces invadía mi corazón una inmensa paz; no tenía miedo.

Cuando le rezo a María no puedo olvidar a san José, su esposo: es un deseo de María y de Jesús, que tienen un amor grande a san José, por razones especialísimas.

María Inmaculada no me ha abandonado. Me ha acompañado a lo largo de todo mi camino en las tinieblas de las cárceles. En esos días de pruebas indecibles, oré a María con toda sencillez y confianza: «¡Madre, si ves que ya no voy a poder ser útil a tu Iglesia, concédeme la gracia de consumir mi vida en la prisión. Pero, en cambio, si tú sabes que todavía puedo ser útil a tu Iglesia, concédeme salir de la prisión en un día que sea fiesta tuya!

Un día de lluvia, mientras me preparo la comida, oigo sonar el teléfono de los guardias. «¡Quizá esta llamada sea para mi! Es verdad, hoy es 21 de noviembre, fiesta de la Presentación de María en el Templo».

Cinco minutos más tarde llega mi guardia:

—Señor Thuan, ¿ya ha comido?

—Todavía no; estoy preparando la comida.

—Después de comer, vístase bien y vaya a ver al jefe.

—¿Quién es el jefe?

—No sé, pero me han dicho que se lo avise. ¡Buena suerte!

Un coche me conduce a un edificio en el que encuentro al ministro del Interior, es decir, de la policía. Después de los saludos de cortesía, me pregunta:

—¿Tiene algún deseo que expresar?

—Si, quiero la libertad.

—¿Cuándo?

—Hoy.

Se queda muy sorprendido. Y le explico:

—¡Excelencia, llevo en prisión ya mucho tiempo, bajo tres pontificados: el de Pablo VI, el de Juan Pablo I y el de Juan Pablo II. Y además, bajo cuatro secretarios generales del Partido Comunista Soviético: Breznev, Andropov, Chernenko y Gorbachov!

Él se echa a reír y asiente con la cabeza:

–¡Es verdad, es verdad!

Y dirigiéndose a su secretario, dice:

–Hagan lo necesario para acceder a su deseo.

De ordinario, los jefes necesitan tiempo para despachar al menos las formalidades. Pero en ese momento pensé:

—Hoy es la fiesta de la Presentación de la Virgen. María me libera. ¡Gracias a ti, María!

El momento en que me siento más hijo de María es en la santa misa, cuando pronuncio las palabras de la consagración. Estoy identificado con Jesús *en la persona de Cristo*.

Me preguntáis quién es María para mí en mi elección radical de Cristo. En la cruz, Jesús dijo a Juan: «Ahí tienes a tu madre» (*Jn* 19, 27).

Después de la institución de la Eucaristía, el Señor no podía dejarme nada más grande que su Madre.

Para mí, María es como un evangelio viviente, «de bolsillo», de amplia difusión, más accesible que la vida de los santos.

Para mí, María es mi Madre, que me dio a Jesús. La primera reacción de un niño que siente miedo, que está en dificultades o sufre, es llamar: «mamá, mamá». Esta palabra lo es todo para el niño.

María vive plenamente para Jesús. Su misión fue compartir su obra de redención. Toda su gloria le viene de Él. Es decir, mi vida no valdrá para nada si me separo de Jesús.

María no se preocupaba sólo por Jesús, sino que mostró su cuidado por Isabel, por Juan y por los esposos de Caná.

Me gustan mucho las palabras de santa Teresa del Niño Jesús: «¡Cómo deseo ser sacerdote para poder hablar de María a todos!».

Primero recurría a María Madre del Perpetuo Socorro; ahora escucho a María que me dice: «Haced lo que Él os diga» (*Jn* 2, 5) y con frecuencia le pregunto a María: «Madre, ¿qué puedo hacer por ti?». Sigo siendo un niño, pero un niño responsable que sabe compartir las preocupaciones de su madre.

La vida de María se resume en tres palabras: *Ecce, Fiat, Magnificat* (He aquí, Hágase, Alaba).

«He aquí la esclava del Señor» (*Lc* 1, 38).

«Hágase en mí según tu palabra» (*Lc* 1, 38).

«Alaba mi alma la grandeza del Señor» (*Lc* 1, 46).

Oración

MARÍA, MI MADRE

María, Madre mía, Madre de Jesús, Madre nuestra, para sentirme unido a Jesús y a todos los hombres, mis hermanos, quiero llamarte Madre nuestra. Ven a vivir en mí, con Jesús tu Hijo amantísimo, este mensaje de renovación total, en el silencio y en la vigilia, en la oración y en la ofrenda, en la comunión con la Iglesia y con la Trinidad, en el fervor de tu Magníficat, en unión con José, tu santísimo esposo, en tu humilde y amoroso trabajo de llevar a cabo el Testamento de Jesús, en tu amor por Jesús y José, por la Iglesia y la humanidad, en tu fe inquebrantable en medio de tantas pruebas soportadas por el Reino, en tu esperanza —que actúa ininterrumpidamente— de construir un mundo nuevo de justicia y de paz, de felicidad y de verdadera ternura, en la perfección de tus virtudes, en el Espíritu Santo, para llegar a ser testigo de la Buena Nueva, apóstol del Evangelio.

Continúa, Madre, obrando en mí, orando, amando, sacrificándome; continúa haciendo la voluntad del Padre, continúa siendo la Madre de la humanidad. Continúa viviendo la pasión y la resurrección de Jesús. Oh Madre, me consagro a Ti, todo a Ti, ahora y para siempre. Viviendo en tu espíritu y en el de José, viviré en el espíritu de Jesús, con Jesús, José, los ángeles, los santos y todas las almas. Te amo, Madre nuestra, y compartiré tu fatiga, tu preocupación y tu combate por el Reino del Señor Jesús. Amén.

En el aislamiento en Hanoi (Vietnam del Norte),
1 de enero de 1986,
Solemnidad de María Madre de Dios.

7

SEGUNDO PEZ:
HE ELEGIDO A JESÚS

«Un mensaje que vosotros, jóvenes de hoy, estáis llamados a acoger y gritar a vuestros coetáneos: "¡El hombre es amado por Dios! Éste es el simplicísimo y sorprendente anuncio del que la Iglesia es deudora respecto del hombre" (*Christifideles laici* 34)». (Juan Pablo II, *Mensaje para la XII Jornada Mundial de la Juventud*, 1997, n. 9).

Os he hablado de mis experiencias en el seguimiento de Jesús, para encontrarlo, vivir junto a Él y llevar así su mensaje a todos.

Me preguntaréis: ¿Cómo poner en práctica la unión total con Jesús en una vida afectada por tantos cambios? No os lo he ocultado, pero por claridad os vuelvo a escribir mi secreto (cf. *El camino de la esperanza*, 979-1001).

Al principio de cada párrafo hay unos números, del 1 al 24: he querido hacer que correspondan a las horas de un día. En cada número he repetido la palabra «uno»: una revolución, una campaña, un eslogan, una fuerza... Son cosas muy prácticas. Si de 24 horas vivimos 24 radicalmente por Jesús, seremos santos. Son 24 estrellas que iluminan el camino de la esperanza.

No os explico estos pensamientos, sino que os invito a meditarlos serenamente, como si Jesús os hablara dulcemente, íntimamente al corazón. No tengáis miedo de oírlo ni de hablar con Él. No lo dudéis: volved a leerlos cada semana. Encontraréis que la gracia brillará transformando vuestra vida.

Como conclusión, recemos con la oración «He elegido a Jesús», y no descuidéis los catorce pasos en la vida de Jesús.

1. *Tú quieres hacer una revolución: renovar el mundo*. Podrás realizar esta preciosa y noble misión que Dios te ha confiado sólo con «el poder del Espíritu Santo». Todos los días, allí donde vives, prepara un nuevo Pentecostés.

2. *Comprométete en una campaña que tenga como fin hacer felices a todos*. Sacrifícate continuamente con Jesús para traer paz a las almas, desarrollo y prosperidad a los pueblos. Ésta debe ser tu espiritualidad, discreta y concreta al mismo tiempo.

3. *Permanece fiel al ideal de un apóstol*: «dar la vida por los hermanos». De hecho «nadie tiene mayor amor que el que da su vida por sus amigos» (*Jn* 15, 13). Gasta sin parar todas tus energías y está siempre dispuesto a darte a ti mismo para conquistar a tu prójimo para Dios.

4. *Grita un solo eslogan*: «Todos uno», es decir, unidad entre los católicos, unidad entre los cristianos y unidad entre las naciones. «Como el Padre y el Hijo son uno» (cf. *Jn* 17, 22-23).

5. *Cree en una sola fuerza: la Eucaristía,* el cuerpo y la sangre del Señor que te dará la vida: «Yo he venido para que tengan vida y la tengan en abundancia» (*Jn* 10, 10). Como el maná alimentó a los israelitas en su viaje a la tierra prometida, así la Eucaristía te alimentará en tu camino de la esperanza (cf. *Jn* 6, 50).

6. *Viste un solo uniforme y habla un solo lenguaje: la caridad.* La caridad es la señal de que eres discípulo del Señor (cf. *Jn* 13, 35). Es el distintivo menos costoso, pero es el más difícil de encontrar. La caridad es la «lengua» principal. San Pablo decía que es más preciosa que «hablar las lenguas de los hombres y de los ángeles» (cf. *1 Co* 13, 1). Será la única lengua que sobrevivirá en el cielo.

7. *Manténte en un solo principio-guía: la oración.* Nadie es más fuerte que la persona que reza, porque el Señor ha prometido conceder todo a los que rezan. Cuando estáis unidos en la oración, el Señor está entre vosotros (cf. *Mt* 18, 20). Te aconsejo con todo el corazón: además del tiempo «oficial» de oración, retírate cada día una hora, o mejor dos, si puedes, para la oración personal.

¡Te aseguro que no será tiempo mal empleado! En mi experiencia de todos estos años he visto confirmadas las palabras de santa Teresa de Jesús: «El que no ora no necesita que el demonio lo saque del camino: él solo se arrojará al infierno».

8. *Observa una sola regla: el Evangelio.* Esta «Constitución» es superior a todas las demás. Es la regla que Jesús dejó a los apóstoles (cf. *Mt* 4, 23). No es difícil, complicada o legalista como las demás: al contrario, es dinámica, amable y estimulante para tu alma. ¡Un santo alejado del Evangelio es un santo falso!

9. *Sigue lealmente a un solo jefe: Jesucristo y sus representantes*: el Santo Padre y los obispos, sucesores de los apóstoles (cf. *Jn* 20, 22-23). Vive y muere por la Iglesia, como lo hizo Jesús. No pienses que morir por la Iglesia es lo único que pide sacrificio: también vivir por la Iglesia exige mucho.

10. *Cultiva un amor especial por María.* San Juan Bautista María Vianney decía en confianza: «Después de Jesús, mi primer amor es para María». Si la escuchas, no perderás el camino; no fallarás en nada de lo que emprendas en su nombre. Hónrala y ganarás la vida eterna.

11. *Tu única sabiduría será la ciencia de la cruz* (cf. *1 Co* 2, 2). Mira a la cruz y encontrarás la solución a todos los problemas que te preocupan.

Si la cruz es el criterio en el que basas tus decisiones, tu alma estará en paz.

12. *Conserva un solo ideal: estar vuelto hacia Dios Padre*, un Padre que es todo amor. Toda la vida del Señor, todo su pensamiento y su acción tenían un solo fin: «Ha de saber el mundo que amo al Padre y que obro según el Padre me ha ordenado» (*Jn* 14, 31), y «Yo hago siempre lo que le agrada a Él» (*Jn* 8, 29).

13. *Hay un solo mal que temer: el pecado.* Cuando la corte del emperador de Oriente se reunió para discutir el castigo que debía darse a san Juan Crisóstomo por la franca denuncia dirigida a la emperatriz, se sugirieron las siguientes posibilidades:

a) encarcelarlo; «pero –decían– tendría la oportunidad de orar y de sufrir por el Señor, como siempre ha deseado»;

b) exiliarlo, «pero, para él no hay ningún lugar donde no habite el Señor»;

c) condenarlo a muerte, «pero así será mártir y satisfará su aspiración de ir al Señor».

«Ninguna de estas posibilidades es para él un castigo; al contrario, las aceptará con gozo».

d) Hay una sola cosa que él teme mucho y que odia con todo su ser: el pecado; «¡pero sería imposible forzarlo a cometer un pecado!».

Si temes sólo al pecado, tu fuerza será inigualable.

14. *Cultiva un solo deseo*: «Venga a nosotros tu Reino, hágase tu voluntad en la tierra como en el cielo» (*Mt* 6, 10). Que en la tierra puedan los pueblos conocer a Dios como es conocido en el cielo; que en esta tierra todos empiecen a amar a los demás como se ama en el cielo; que también en la tierra haya la felicidad que hay en el cielo. Esfuérzate por difundir este deseo. Comienza a llevar la felicidad del cielo a cada uno en este mundo.

15. *Una cosa te falta*: «Anda, cuanto tienes véndelo y dáselo a los pobres, y tendrás un tesoro en el cielo; luego, ven y sígueme» (*Mc* 10, 21), es decir, debes decidirte de una vez por todas. El Señor quiere voluntarios, libres de todo apego.

16. *Usa para tu apostolado el único método eficaz: el contacto personal.* Con este método entras en la vida de los demás, los comprendes y los amas. Las relaciones personales son más eficaces que las predicaciones y que los libros. El contacto entre las personas y el intercambio «de corazón a corazón» son el secreto de la permanencia de tu obra y de su éxito.

17. *Sólo hay una cosa verdaderamente importante*: «María ha elegido la mejor parte» (*Lc* 10, 42) cuando se sentó a los pies del Señor. Si no tienes una vida interior, si Jesús no es verdaderamente el alma de tu actividad, entonces...

Bueno, tú ya lo sabes; no hace falta que te lo repita.

18. *Tu único alimento*: «La voluntad del Padre» (cf. *Jn* 4, 34); con ella debes vivir y crecer, tus acciones deben brotar de la voluntad de Dios. Es como un alimento que te hace vivir más fuerte y más feliz; si vives lejos de la voluntad de Dios, morirás.

19. *Para ti el momento presente es el más hermoso* (cf. *Mt* 6, 34; *St* 4, 13-15). Vívelo plenamente en el amor de Dios. Tu vida será maravillosamente bella y como un gran cristal formado por millones de esos momentos. ¿Ves cómo es fácil?

20. *Tienes una «carta magna»: las bienaventuranzas* (cf. *Mt* 5, 3, 12) que Jesús pronunció en el sermón de la montaña. Vívelas en plenitud: experimentarás una gran felicidad que podrás luego comunicar a todos los que encuentres.

21. *Ten un solo objetivo importante. tu deber*. No importa si es pequeño o grande, porque tú colaboras con la obra del Padre celestial. Él ha establecido que éste sea el trabajo que debes cumplir para realizar su plan en la historia (cf. *Lc* 2, 49; *Jn* 17, 4). Muchas personas se inventan modos complicados de practicar la virtud y luego se lamentan de las dificultades que de ellos se de-

rivan. Pero cumplir el deber del propio estado es la forma más segura y más simple de perfección espiritual que podemos seguir.

22. *Ten un solo modo de hacerte santo*: la gracia de Dios y tu voluntad (cf. *1 Co* 15, 10). Dios no dejará que te falte su gracia: pero ¿es suficientemente fuerte tu voluntad?

23. *Una sola recompensa: Dios mismo*. Cuando Dios le dijo a santo Tomás de Aquino: «Has escrito bien acerca de mí, Tomás: ¿qué recompensa quieres?», santo Tomás respondió: «¡Sólo a Ti, Señor!».

24. *...Tienes una patria.*
La campana suena, grave, profunda
Vietnam ora
La campana sigue sonando, lacerante,
llena de conmoción
Vietnam llora
La campana se oye de nuevo,
vibrante, patética
Vietnam triunfa
La campana vuelve a tocar,
cristalina
Vietnam espera

Tú tienes una patria: Vietnam
Un país muy querido
que a través de los siglos

es tu orgullo, tu gozo
Ama sus montañas y sus ríos,
sus paisajes de brocado y de raso
Ama su historia gloriosa
Ama a su pueblo laborioso
Ama a sus heroicos defensores

Los ríos corren impetuosos
como corre la sangre de su pueblo
Sus montañas son elevadas,
pero más altos aún son los huesos
que allí se amontonan
¡La tierra es estrecha,
pero amplia tu ambición,
pequeño país tantas veces nombrado!

Ayuda a tu patria con toda tu alma
Sé fiel a ella
Defiéndela con tu cuerpo y con tu sangre
Constrúyela con tu corazón y tu mente
Comparte el gozo de tus hermanos
y la tristeza de tu pueblo

Un Vietnam
Un pueblo
Un alma
Una cultura
Una tradición

¡Católico vietnamita!
¡Ama mil veces tu patria!

El Señor te lo enseña
La Iglesia te lo pide
¡Que el amor por tu país pueda ser un todo
con la sangre que corre por tus venas!

Oración

«HE ELEGIDO A JESÚS»
CATORCE PASOS DEL CAMINO CON JESÚS

Señor Jesús, en el camino de la esperanza,
desde hace dos mil años,
tu amor, como una ola,
ha arrollado a muchos peregrinos.
Ellos te han amado con un amor palpitante,
con sus pensamientos,
sus palabras y sus acciones.
Te han amado con un corazón
más fuerte que la tentación,
más fuerte que el sufrimiento
y más aún que la muerte.
Ellos han sido en el mundo tu palabra.
Su vida ha sido una revolución
que ha renovado el rostro de la Iglesia.

Contemplando desde mi infancia
estos fúlgidos modelos,
he tenido un sueño:
ofrecerte mi vida entera,
mi única vida que estoy viviendo,
por un ideal eterno e inalterable.
¡Lo he decidido!
Si cumplo tu voluntad,
Tú realizarás este ideal
y yo me lanzaré
en esta maravillosa aventura.

Te he elegido
y nunca he tenido añoranzas.
Siento que Tú me dices:
«Permanece en mí.
¡Permanece en mi amor!».

Pero ¿podría permanecer en otro?
Sólo el amor puede realizar
este misterio extraordinario.
Comprendo que Tú quieres toda mi vida.
«¡Todo! ¡Y por amor a Ti!».

En el camino de la esperanza
sigo cada uno de tus pasos.
Tus pasos errantes *hacia el establo de Belén.*
Tus pasos inquietos *en el camino a Egipto.*
Tus pasos veloces *hacia la casa de Nazaret.*
Tus pasos gozosos *para subir con tus padres al
    Templo.*
Tus pasos fatigados *en los treinta años de
    trabajo.*
Tus pasos solícitos *en los tres años de anuncio*
de la Buena Nueva.
Tus pasos ansiosos *que buscan a la oveja perdida.*
Tus pasos dolorosos *al entrar en Jerusalén.*
Tus pasos solitarios *ante el pretorio.*
Tus pasos pesados *bajo la cruz camino del
    Calvario.*
Tus pasos fracasados, *muerto y sepultado*
en una tumba que no es tuya.
Despojado de todo,

sin vestidos, sin un amigo,
abandonado hasta por el Padre
pero siempre sometido al Padre.
Señor Jesús,
arrodillado,
de tú a tú ante el sagrario,
comprendo:
no podría elegir otro camino,
otro camino más feliz,
aunque, en apariencia,
hay otros más gloriosos.
Pero Tú, amigo eterno,
único amigo de mi vida,
no estás presente en ellos.
En ti está todo el cielo con la Trinidad,
el mundo entero y la humanidad entera.

Tus sufrimientos son los míos.
Míos todos los sufrimientos de los hombres.
Mío todo lo que no tiene paz ni gozo,
ni belleza, ni comodidad, ni amabilidad.
Mías todas las tristezas, las desilusiones,
las divisiones, el abandono, las desgracias.
Mío es todo lo tuyo,
porque Tú lo tienes todo;
lo que hay en mis hermanos,
porque Tú estás en ellos.
Creo firmemente en Ti,
porque tú has dado pasos de triunfo.
«Sé valiente. Yo he vencido al mundo».
Tú me has dicho: «Camina con pasos de gigante.

Ve por todo el mundo,
proclama la Buena Nueva,
enjuga las lágrimas de dolor,
reanima los corazones desalentados,
reúne los corazones divididos,
abraza el mundo con el ardor de tu amor,
acaba con lo que ha de ser destruido,
deja en pie sólo la verdad, la justicia, el amor».

Pero, Señor, ¡yo conozco mi debilidad!
Líbrame del egoísmo,
de mis seguridades,
para que deje de temer
el sufrimiento que desgarra.
Soy tan indigno de ser apóstol.
Hazme fuerte ante las dificultades.
Haz que no me preocupe
de la sabiduría del mundo.
Acepto que me traten como loco
por Jesús, María, José...
Quiero ponerme a prueba,
dispuesto a todas las consecuencias,
despreocupado de todas ellas,
porque me has enseñado
a afrontarlo todo.
Si me ordenas dirigir mis pasos valerosos
hacia la cruz,
me dejaré crucificar.
Si me ordenas entrar
en el silencio de tu sagrario
hasta el fin de los tiempos,

me dejaré envolver por él
con pasos aventurados.
Perderé todo:
pero me quedarás Tú.
Allí estará tu amor
para inundar mi corazón.
Mi felicidad será total...
Y por eso repito:
Te he elegido.
Sólo te quiero a Ti
y tu gloria.

En la residencia obligatoria en Giang-xá
(Vietnam del Norte),
19 de marzo de 1980, Solemnidad de San José.

ÍNDICE

Editorial Ciudad Nueva

RAZONES DE LA FE

EL ALMA DE LA IGLESIA
El Espíritu Santo en María y en la vida del creyente
Guillermo Pons
120 págs.

¿QUÉ SABES DE LA HISTORIA DE LA IGLESIA?
Silvano Cola
104 págs.

¿QUÉ ES UN SANTO?
Cuándo lo es y por qué
Juan Nadal Cañellas
88 págs.

PUERTA DEL CIELO
Las letanías de la Virgen
Guillermo Pons
256 págs.

LA TRINIDAD, «SOFTWARE» DE DIOS
Reinstalando a Dios en la cultura occidental
Carlos García Andrade
152 págs.

LA «VERDAD» ¿PUEDE SER TOLERANTE?
Benoît Lobet
120 págs.

TESTIGOS DE ESPERANZA
Ejercicios espirituales dados en presencia del Papa
François-Xavier Nguyen van Thuan
9ª edición
256 págs.

ENGRANDECE MI ALMA AL SEÑOR
Piero Coda
96 págs.

MARTINI, MIS TRES CIUDADES
Un coloquio revelador
Gianfranco Ravasi
128 págs.

¿QUIÉN ES MARÍA?
Las preguntas que se hace la gente
Stefano De Fiores
128 págs.

EUROCATEQUESIS PARA EL JUBILEO
Doce obispos de Europa
128 págs.

CINCO PANES Y DOS PECES
Testimonio de fe de un obispo vietnamita en la cárcel
François-Xavier Nguyen van Thuan
7ª edición
88 págs.

EL GOZO DE LA ESPERANZA
Último retiro espiritual dado por el Card. Van Thuan
François-Xavier Nguyen van Thuan
2ª edición
128 págs.